白马新诗绝句选

白马 著

文汇出版社

图书在版编目(CIP)数据

白马新诗绝句选/白马著.—上海：文汇出版社，2017.8
ISBN 978-7-5496-2214-6

Ⅰ.①白… Ⅱ.①白… Ⅲ.①诗集-中国-当代 Ⅳ.①I227

中国版本图书馆CIP数据核字(2017)第162485号

白马新诗绝句选

出 版 人 /	桂国强
作 者 /	白 马
责任编辑 /	张 涛
装帧设计 /	裘长杰
出版发行 /	文汇出版社
	上海市威海路755号（邮政编码200041）
经 销 /	全国新华书店
印刷装订 /	启东市人民印刷有限公司
版 次 /	2017年9月第1版
印 次 /	2017年9月第1次印刷
开 本 /	889×1194 1/32
字 数 /	240千
印 张 /	5
书 号 /	ISBN 978-7-5496-2214-6
定 价 /	25.00元

版权所有 翻印必究

既要对接传统，又要对接现代
——代创作谈

白 马

面对传统，要用最大的功力打进去，又要用最大功力打出来。此言至于书法、绘画、之于诗歌创作道理亦然。

什么是传统，就是我们的母亲。我们吃过母亲的奶水，长大了，不再吃母亲的奶，但我们永远叫她母亲。传统能割断么？任何叫嚣割断传统都是可笑的。我们所要做的就是既对接传统，又对接现代，在此之上的创新，走出另一条路。

作为中国人，作为中国诗人，自然会受到中国古代诗歌的影响，《古诗源》《诗经》《楚辞》、唐诗、宋词、元曲，古代民歌（情歌）、明清歌谣（如《夹竹桃》《桂枝儿》《山歌》《白雪遗音》等），无不影响感染心灵。

中国新诗百年历程，成功与否，至今仍有争议。横的移植并不成功，纵的继承断裂，繁而不荣，热闹的只是诗坛，诗人们自己的热闹而已。

相对于伟大的中国古代诗歌，中国新诗（白话诗、自由诗、现代诗、先锋诗、朦胧诗等)显得如此尴尬。在20世纪80年代,新诗有过辉煌。自20世纪90年代之后,新诗辉煌不再,第三代、八十后、九十后……主义、流派满天飞,口语诗、口水诗、垃圾诗,胡言乱语,自以为是的诗充斥着诗坛,令人生厌。读者更是不能接受,究其原因,正如鲁迅先生所言,诗还是能诵读能记为好。

我自少爱诗,我读到的第一首诗是《锄禾》,内心的一份触动至今犹在。在入伍后的军营岁月中,坚持创作新诗的同时,我大量阅读古今中外的诗歌,尤其是中国古代诗歌。坚持每天背诵两三首古诗,佳句、好句专门抄下来。许多佳句至今能随口背诵。阅读中国古代诗歌,我最欣赏的是绝句。我记住李白、王维、杜甫、白居易的诗篇也是绝句。

为此,我写新诗的同时,也写一些旧体诗(自由体的仿古小诗)。同时,在新诗创作之路上,我也尝试四行诗(我称之为"新诗绝句")的写作,几十年来,积累了500多首。

我发现一个现象,新诗人中,郭沫若早期致力于新诗创作,晚年则回归旧体诗词创作。顾城写新诗的同时,也写旧体诗。

新诗创作,语言格式是自由了,但太自由,却又是一个致命伤。

我想到唐诗的语言问题。唐代百姓说的是白话，文人用的是文言文，而诗人写诗是介于文言文和白话之间的一种美的有韵味的语言，这是一种特殊的语言——诗的语言。由此启发，口语、白话入诗，用不好会变成"口水""废话"。新诗应找到另一种语言，海子在短诗中似乎找到了。

关于海子的诗，论者众多，但遗憾的是很少有人论及，海子是继承传统并创新的诗人。"琴声呜咽，泪水全无"，"面朝大海，春暖花开"，这"四言体"的源头来自《诗经》。"远在远方的风比远方的风更远"，这样的诗句，说明海子不仅是诗的天才，还是语言天才。"万人都要从我的刀口走过；去建筑祖国的语言"，海子是多么自信。而很多写诗者却视而不见。

是的，我要向伟大的古代诗歌致敬，古代诗人把复杂的宇宙人生情怀、时代歌哭，短短四行、八行诗就能表达出来，且有诗眼、佳句。而现代诗人写诗，却把简单的东西写得很复杂，写了40行、80行，我们有时不知道他写了些什么，甚至找不出来一句好句来，悲哀啊！

请问，读者喜爱哪种诗？不言自明。

李白、杜甫、王维、苏轼的诗，读者易记、易懂，流传千古。试问，我们的新诗能做到么？

在诗歌创作中，我努力把小诗写精，把短诗写美，把组诗写好,把长诗写成大诗。而四行诗(新诗绝句)的写作,只是我努力把小诗写精的实践之一。

　　我之所以多年来努力尝试四行诗(新诗绝句)的写作,主要是基于对当下诗歌现状的考量。

　　当下诗歌写作主要分两大类。

　　一类是旧体诗词写作,人数在不断增加,形式是传统的,但不少诗家照样写出了佳作。

　　第二类是新诗写作,这一类又有以下几种,一是传统手法,虽明朗,但诗意不足。二是传统与现代手法结合,做到深入浅出,追求诗情、诗味、诗韵、诗美,让读者能接受。三是纯先锋探索的诗。四是朗诵诗。五是一些口水诗、垃圾诗,写得十分平庸、琐碎,格局不大。五是介于新诗之间的歌词,许多好的歌词,大众很欢迎。六是介于旧体诗词与新之间的民谣、顺口溜、打油诗、手机短信,大都很短,三四句、五六句、有些抨击时弊、一针见血,虽用白话,但口口相传,很有生命力,受众也很广。

　　目前诗坛,民谣、顺口溜、歌词受众最广,其次是旧体诗词,精短有文字本身的功夫,弘扬汉字音韵之美。再次是传统与现代结合的诗,包括一些朗诵诗。四是一些先锋探索之作,阳春白雪较多。最差的就是一些口水诗、垃圾诗,这些不知诗为何物的人,却天天折磨语言;同时也影响了大众对新诗的看法。"这样的诗谁读，不如去读唐诗宋词。"许多人这样说。

关于民谣、顺口溜、打油诗，手机短信，受众广，传播快。我对此研究了十多年，抄了几个本子，并与朱文华先生探讨过。手头购有复旦大学中文系教授朱文华主编的《新国风》以及《小康民谣：手机短信精选》《红短信、红段子、红幽默》《当代顺口溜》《现代流行民谣》《北大段子》等书。

因此，不是大众不喜欢诗，而是我们诗人没有把诗写好。一个演员，如果没有观众，是演员的悲哀，诗人写诗，如果没有读者，则是诗人的悲哀。海尔集团张瑞敏说："没有疲软的市场，只有疲软的产品。"是否也可以说，"没有不好的读者，只有不好的诗作"。

我认为写诗，没有题材、手法的高下之分，只有好不好、美不美之分。衡量诗歌的一个标准就是读者喜不喜欢，能否记住、能否流传？你写得好，写得美，读者自然喜欢并记住，就如我们喜欢唐诗并记住其中的名句一样。你写得不好不美，谁来喜欢，更不要说去记住你的诗句。

真正的诗是感情的火、思想的光、心灵的歌。

诗是艺术不是技术，需要天赋、才华，需要有生活体验、文化素养、精神积累，再加上一定技巧。写诗要才、学、识结合。

相比旧体诗词,新诗还要做到精、美、新、奇。精,要精致、精炼;美,语言、意象要美;新,手法,角度要新;奇,想象要奇,在奇之上,还要写得"巧"。

古人讲究炼字、炼句,讲究诗眼。新诗也应讲究炼字、炼句,讲究诗眼,有了诗眼,才能吸引读者的眼睛。我们喜欢真情实感,又有艺术之美的诗作。

当下新诗创作很浮躁,我认为一是要安静写作,静下心来在写,用心去写。二是要有难度写作,做到语言与文本的自觉。在写作中博采众长,不断超越自己。面对传统,要用最大功力打进去,又用最大功力打出来。

在时下大众对不少诗人写的诗作不分行不分段,一连到底,有些厌烦的时候,我认为四行诗的创作是对诗歌形式美的回归,是让诗歌更好走向读者的一种回归。

中国新诗走过百年之路。对于中国新诗是否成功,成就如何有两种不同意见和争论。一种认为新诗成绩巨大,目前是繁荣时期。一种认为新诗迄今没有成功。

新诗的写作及品赏有一种参照系就是中国古典诗词。古典诗歌讲格律讲形式,新诗似乎是"自由自在"。

为探讨中国新诗的发展,总结中国新诗及经验,许多诗歌理论家、评论家、学者做了种种努力。但大众不大接受新诗似乎也是事实。

古典诗歌有它特定的谱系，有格律、音韵之美，有佳句有诗眼，有篇有句。

而新诗的一些作者有的是对诗艺的把握能力不够，有些是缺少内在的精神。没有内在的精神就没有作品的精神，没有内在的境界何来作品的境界？有些本身就是新诗的反叛者，搞个人主义拉大旗。作家诗人凭作品说话，重要的是要写出好作品。

考察诗歌的发展要从诗歌发展史、诗歌理论与诗潮动态、诗人创作手法和优秀作品四个方面入手。

古典诗歌有古典诗歌的长处，新诗有新诗的长处。古典诗歌能达到的极致新诗达不到，反过来新诗达到的极致古典诗歌也无法表达，应该说各有长处。我不反对旧体诗词的继承、发扬、创新、发展，我更期待新诗的发展，走出一条成功之路。

任何艺术无非是内容与形式的关系问题。新诗在随意时应该节制。于坚的一些口语写作我是反感的，诗不要抒情的说法我也是不苟同的。在内容与形式取舍上很多诗人四行诗的创作实践，作了一种很好的努力。

考量中国新诗的得失，内容姑且不论，关键就看诗有没有形成自己的谱系。对于中国新诗谱系的研究长期是个空白。刘以林提出"新自由体"诗的一些论点,我不赞同。诗要提倡形式,但不能说只是一种形式,新诗的形式应该丰富多彩的。古典诗中有五绝、七绝、五言、七言、五律、七律、长歌、乐府、古诗等,新诗的形式也应是多样的。吕进主编的《中国现代诗体论》作了初步探索。而冯国荣的《新诗谱——新诗格式创制研究》在这方面做了更有益的工作。

新诗谱系有两大类,一类是白话新诗和拟古新诗,白话新诗包括拟古新律诗、拟词新诗,民歌体新诗等;另一类是各种混合体。

白话新律诗的谱系有一般白话律、白话排律、白话单元律、十四行体。

自由诗的谱系:以句子长短分有短句、中句、长句、长短句错落;以排列状况分有常规排列、特殊排列;以分节状况划分,有不分节、分节;以句子停顿断分,有句跨行、句中停、行中起;以有无标点分有有标点、无标点、有无相间;以规模分,有小诗、短诗、中长诗、长诗、组诗;以语言方式分有一般诗文语、散文语、口语。

从中,我们可以看到中国新诗有了自己的谱系。如冯至的十四行、沙鸥的八行体、郑天枝、郑炜的四行体、沈健的六行诗。还有众多诗人写有两行体、三行体。可以说,四行诗丰富了中国新诗的谱系。

上面说了新诗的谱系问题。杰出的作品都是形式与内容的完美结合,思想性与艺术性完美结合。形式只是一个方面,形式之外要看表达的内涵内容,诗质本身如何,不能徒具形式而形式,否则就像把华美的衣服穿在塑料模特身上,那是没有灵魂的。

有些人把写诗当作进菜市场那样方便,其实作为一个诗人还是需要一定的天赋、悟性。

"辞赋文章能者稀,难中难者莫过诗"古人之言,难道对我们不是一种警醒?!

写到此,突然想起诗人卞之琳,卞之琳写有很多好诗,但我们最能记住的是他那首短短四行的《断章》。我想,这对我们也是一种启发。

让我们的诗歌创作,从读者喜爱的、能记住的诗篇开始吧!

2016 年 10 月 3 日

目 录

001 **既要对接传统,又要对接现代**　　白马

019 醒
　　 鲁迅
020 大人教育孩子
　　 爱情
021 人心
　　 关于战争
022 有一种爱情
　　 欢乐与痛苦
023 关于女人
　　 人生
024 远方
　　 排挤
025 有感
　　 做一个倾听者

026 一种观察
　　 毕业
027 有感
　　 一种思索
028 有感
　　 热爱
029 战胜
　　 旗
030 矛盾
　　 拒绝
031 沉思
　　 谁的道理
032 多与少
　　 有感

033	真假之间 一种悲哀	043	仰望与俯瞰 在看到你的地方
034	三分之一 多干·少干·不干	044	人生 关于故乡
035	另一种三分之一 但愿	045	有感 普陀山机场
036	有感 爱的四部曲	046	萨达姆被绞死 雪化之后
037	有感 无奈	047	醒着 敬重·尊重
038	不为…… 真言	048	征服 红花草
039	爱与恨 有感	049	新灯塔谣 贪字谣
040	多字谣 有感	050	权力 真理
041	乡村 寻找	051	运动 变
042	真与假 欢乐与痛苦	052	都…… 有的人

053	某些人"四讲" 先知者箴言	063	唐卡 秋瑾纪念碑
054	小草仍在歌唱 关于自己(之一)	064	白水冲瀑布 岛
055	关于自己(之二) 关于自己(之三)	065	徐福公祠 等你
056	藏族的起源 虔诚的朝圣者	066	卡夫卡(之一) 卡夫卡(之二)
057	珠穆朗玛 南迦巴瓦峰	067	毕加索 伤口
058	高原雪山 雅鲁藏布江大峡谷	068	吻 闪电
059	那拉根山口 错那湖	069	风吹醒夜晚 怀念嘉宝
060	拉萨河 尼洋河	070	写给凯瑟琳·赫本 写给费雯丽
061	布达拉宫 大昭寺(一)	071	萨福 简·奥斯汀
062	大昭寺(二) 八廓街	072	玛丽·雪莱 乔治·桑

073	伊丽莎白·芭艳特	083	月牙泉（一）
	西蒙娜·微依		月牙泉（二）
074	斯托夫人	084	天山短歌
	阿加莎·克里斯蒂		天山天池
075	勃朗特姐妹	085	葡萄沟
	艾米莉·狄金森		阳朔（之一）
076	吉皮乌斯	086	阳朔（之三）
	杜拉斯		阿炳
077	伍尔夫	087	项羽
	阿赫玛托娃		尧·舜
078	西蒙·波娃	088	秦始皇
	罗琳		杨广
079	米斯特拉尔	089	朱元璋
	悼林昭		明武宗
080	颂林昭	090	康熙
	复翁堂前		李煜
081	梅里雪山	091	张献忠
	短歌		屈原
082	在香格里拉	092	司马迁
	香格里拉颂		王勃

093	李白	103	杂感
	杜甫		杂感
094	李商隐	104	杂感
	李贺		杂感
095	苏轼	105	杂感
	李清照		杂感
096	王安石	106	杂感
	文天祥		杂感
097	柳永	107	杂感
	于谦		杂感
098	八大山人	108	杂感
	纳兰性德		杂感
099	曹雪芹	109	杂感
	蒲松龄		面对
100	李叔同	110	囚
	苏曼殊		杂感
101	杂感	111	杂感
	杂感		杂感
102	杂感	112	徐悲鸿
	杂感		齐白石

113	月亮
	海
114	童年
	太阳·星星
115	莫言获奖
	疑问
116	成功之前与之后
	活着与死后
117	有感
	爱情与遗憾
118	人生历程
	思想者

附录

121　诗观及其他　白马

127　诗创作札记　白马

132　一个干净的诗人竖起中国新诗绝句的标杆　正成

138　不懈的奔驰，可贵的探索　许成国

142　读白马的新诗绝句　马巧红

144　用诗歌抒写人生的感悟　杨杨

146　红花草　的卢

148　诗友朋友来信短评　雁飞等

155　后记

醒

诗人睡了
诗句醒着
孩子睡了
梦幻醒着

鲁迅

鲁迅
希望自己"速朽"
而却
成了不朽

大人教育孩子

大人教育孩子
要讲真话
而自己
却常常说假话

爱情

我们
说着爱情
却往往找不到
爱情在哪里

人心

最难征服的
是人心
容易征服的
也是人心

关于战争

祈祷人类和平
历史又告诉人类
战争
是推动人类前进的动力

有一种爱情

一百次想不再见你
一千次想不再爱你
一万次却思念着你
千万次却呼唤着你

欢乐与痛苦

真正的欢乐
是笑不出来的
真正的痛苦
是哭不出来的

关于女人

女人不能选择美丽
却可以选择温柔
女人不能拥有美丽
却可以拥有温柔

人生

人生不能没有梦
人生不可尽做梦
人生不能没有爱
人生不会全是爱

远方

远方就是前方
痛苦就是欢乐
遗憾就是美好
不完美就是完美

排挤

物质排挤精神
钞票排挤灵魂
迷信排挤文明
私欲排挤良心

有感

只要世界上还有着战争
就要有人付出生命
只要国家还存在军队
就要有人奉献青春

做一个倾听者

面对大海
倾诉痛苦
面对不幸的人
做一个倾听者

一种观察

湖水在平静之时
把一切都颠倒了
湖水在波动之时
把一切都扭曲了

毕业

"不幸"是一所
无人报考的大学
但从这里毕业的
都是——强者

有感

生活实实在在
爱情只是谎言
痛苦产生艺术
烦恼就是智慧

一种思索

广漠的天宇充满神秘
我们人类总充满幻想
为什么人类有那么多语言
但笑声却都是一样

有感

感情的升华叫作爱
敌意的升华是胜利
艺术的锤炼是美
痛苦后的微笑叫乐观

热爱

汹涌的浪尖上
坚强挺立的是桅
痛苦的海洋上
照耀的太阳是热爱

战 胜

有限战胜无限
弱者战胜强者
狐狸战胜猛狮
小人战胜智者

旗

痛苦是一把鞭子
一次次抽打心灵
我却举起乐观的旗
把痛苦打得粉碎

矛盾

说母亲是伟大的
骂女人是毒蛇
诅咒战争的残酷
却千百次歌颂英雄

拒绝

无法拒绝荆棘
正如无法拒绝草莓
无法拒绝痛苦
就如无法拒绝欢乐

沉 思

说什么来也匆匆去也匆匆
人生的尽头是死的故乡
说什么人间没有圆满的宇宙
谁见到过天堂真正的颜色

谁的道理

一个人想做皇帝
宣称造反最有理
一朝做了皇帝
却道造反是罪恶

多与少

娱乐越来越多
愉快越来越少
同居越来越多
爱情越来越少

有 感

哪里有压迫
哪里就有反抗
但是,哪里有压迫
哪里就有屈服

真假之间

背后将一个人恨得要死
见了面却要堆出笑脸
人呵 真假之间
就这样带着面具

一种悲哀

凡·高是伟大的画家
生前却卖不出一幅画
他不知自己死后只要拍出一幅画
就足以养活他的一生

三分之一

有些机关存在这样的情况
　三分之一人忙着
　三分之一人闲着
　三分之一人不忙不闲

多干·少干·不干

突然悟到一个道理：
　多干事情多犯错误
　少干事情少犯错误
　不干事情不犯错误

另一种三分之一

有些单位便是如此：
　三分之一在干
　三分之一在看
　三分之一在捣蛋

但愿

什么时候，但愿
　想干事的有机会
　会干事的有舞台
　干成事的有地位

有感

点一根蜡烛
不诅咒黑暗
点一盏心灯
不诅咒磨难

爱的四部曲

恋爱教会了你忧愁
失恋教会了你痛苦
结婚教会了你忍耐
离婚教会了你自由

有感

在奋斗中要相信自己
在欢乐中要提醒自己
在痛苦中要珍重自己
在迷茫中要把握自己

无奈

一天到晚让手机牵着
一天到晚让名利牵着
一天到晚,让爱你的人与你爱的人牵着
人呵,有多少难以觉察的无奈

不为……

不为几朵阴云放弃蓝天
不为一次沉船放弃海洋
不为一次病痛放弃生命
不为一次伤害放弃爱情

真言

学习知识是必须的
记住知识是重要的
运用知识是优秀的
独立创造是伟大的

爱与恨

你爱,你成了爱的奴隶
你恨,你成了恨的奴隶
最后,你不爱也不恨了
你成为这一切记忆的奴隶

有感

有时候
女人是一本书
有的男人只想翻她
而不想买她

多字谣

贫困乡村摊派多
批发市场假货多
畅销书籍盗版多
实权部门贪官多

有 感

有种改革叫折腾
有种工作叫应景
有种经济叫泡沫
有种精神叫阿Q

乡村

文人在诗化乡村
官人在巡视乡村
商人在觊觎乡村
年轻人在离开乡村

寻找

有一个词叫"自寻烦恼"
烦恼不需要寻找
它有时不寻自到
而快乐　则需要寻找

真与假

这世界有着多少真
这世界也有多少假
真的依然存在着
假的不断发生着

欢乐与痛苦

在痛苦中得到的欢乐
欢乐是那样真
在欢乐中忍受着痛苦
痛苦是那样深

仰望与俯瞰

在地上仰望天空
白云上面是天堂
在天上俯瞰大地
白云下面是故乡

在看到你的地方

在看到你的地方
用眼睛凝望
在看不到你的时候
用心灵凝望

人生

悲剧的人生
使我们太沉重
浮浅的人生
又使我们太虚空

关于故乡

我们离开的
是自己的故乡
我们到达的
是别人的故乡

有 感

卡夫卡只有天堂
没有道路
鲁迅只有道路
没有天堂

普陀山机场

普陀山上的观音菩萨啊
你把多少人渡向善的彼岸
海岛上的普陀山机场
你将多少人带往美的远方

萨达姆被绞死

这个世界上
弱者总被强者侮凌
一个人乃至一个国家
就连总统也不例外

雪化之后

在无数人践踏下
路上的雪化了 变得污浊不堪
雪呵 我为你哭泣
为你失去的纯洁

醒着

鸟雀睡了
翅膀醒着
大海睡了
波浪醒着

敬重·尊重

敬重一个人,
是发自内心
尊重一个不大敬重的人
是出自修养

征服

征服一座岛
等于征服了海
征服了海
等于征服了世界

红花草

用满天星星般的花儿
装饰春天的美丽
因为庄稼的需要
不惜将美丽埋进泥里

新灯塔谣

天上有星星
岛上有灯塔
星星守望黑夜
灯塔守望海洋

贪字谣

贪杯误事
贪钱找事
贪色来事
不贪无事

权力

权力私有化
权力商品化
权力特殊化
权力家长化

真理

一把手绝对真理
二把手相对真理
三把手没有真理
官场上的情况莫不如此

运动

生命在于运动
梦想在于行动
朋友在于走动
当官在于活动

变

理发变成按摩
玩牌变成赌博
开会变成旅游
检查变成吃喝

都……

都叹世态炎凉
都骂人情冷漠
都在怨天尤人
都在为己奔波

有的人

有的人
大事干不成
小事不愿干
周围看不惯

某些人"四讲"

对上级讲假话
对下级讲官话
对群众讲空话
对老婆讲谎话

先知者箴言

主宰这个世界的是金钱
笼罩这个世界的是虚伪
罪恶这个世界的是自私
毁灭这个世界的是科学

小草仍在歌唱
——悼念诗人雷抒雁

你走了,春天来了
小草仍在歌唱
小草告诉我:
诗比生命更久长……

关于自己(之一)

穿衣是民工
上班是打工
工作是劳工
写作是苦工

关于自己(之二)

作家要写作
文人要阅读
三早抵一工
从不睡懒觉

关于自己(之三)

为人要诚实
办事要灵活
学习要勤奋
工作讲效率

藏族的起源

一则从猕猴变人的神话
一段历史
一个民族
一个永恒的传奇

虔诚的朝圣者

多少人用今生的虔诚
为来世许下一个愿望
多少人热切地相信着
有信仰的人是幸福的

珠穆朗玛

此行来到西藏
没能去仰望珠穆朗玛峰
但 8800 多米的高度
一直刻在我心中

南迦巴瓦峰

探险的人们对它无比向往
热爱摄影的人期待它
揭去面纱　而我们
却享受属于它的点点滴滴

高原雪山

这是一片
纯白的世界
它用自己刻画童话
给世界一个美好

雅鲁藏布江大峡谷

东方的骄傲
地球的奇迹
人间最后的秘境
等待你来探寻……

那拉根山口

站在山口
已望见了纳木错湖
如果可以 我愿意
在这里站成永恒的守望

错那湖

夏季风从湖面掠过
鱼儿欢跳、歌唱
错那湖
青藏线上最美的风景

拉萨河

这是一条蓝色的飘带
这是一条藏民心灵的河
拉萨河
藏民的母亲河

尼洋河

牧民们流出的汗水泪水
最终汇成一条长长的河流
尼洋河
动人的不只是凄凉

布达拉宫

屹立雪域高原
传承历史千载
以令人永远仰望的神圣
让无数人向他注目

大昭寺(一)

来到这里
你才会知道
什么是信仰
什么是虔诚

大昭寺(二)

一座灵魂的城堡
天天盛行祈祷的圣典
多少虔诚的目光
一起流成高原的河流

八廓街

来这里转经吧
即使是一名游客
不要忘了
在这里买一个转经筒

唐卡

为信念活着
信念就是我
染的是血
为了点燃灵魂的色泽

秋瑾纪念碑

在勇士被绞杀的地方
竖
起
一座惊叹号

白水冲瀑布

走向你
走向一种纯洁的歌唱
我欣赏一种激荡的壮美
更欣赏激荡之后的宁静

岛

铁锚常扎进海底
与海的灵魂对话
而岛　就是一只大铁锚
更深地扎进海洋

徐福公祠

没有不老的人生
但有不老的传说
没有不死的人生
但有不死的名字

等 你

会老的岁月
痴等不老的爱情
等你——
月光的凄凉是心的倾诉

卡夫卡(之一)

一个苦行的圣徒
一个可怜的单身汉
一个现代文学之父
一个犹豫不定的徘徊者

卡夫卡(之二)

以痛苦走进世界
以绝望拥抱爱人
以惊恐触摸真相
以毁灭为自己加冕

毕加索

创造的天才
情欲的魔鬼
征服女人和艺术的欲望
变成一种闪电 照亮了一生

伤口
——悼三哥

每一次回忆都是一道伤口
三哥,你就这样匆匆走远
就这样远远地望着我
我不能握你的手

吻

这一刻,我吻了你 你吻了我
地点在岛上
岛外是大海
心上有海一样深的爱

闪电

灵魂的闪电
照亮了夜空
爱情的闪电
照亮了一生

风吹醒夜晚

风吹醒夜晚
爱唤醒心灵
月亮如此皎洁
心灵如此丰富

怀念嘉宝

100年前美神降临
60年前美神隐匿
15年前美神回归
而美神的美仍在我的梦里醒着

写给凯瑟琳·赫本

有些人是明星

有些人是巨星

还有一些人

是传奇

写给费雯丽

你有如此美丽

以至于不该有如此演技

你有如此演技

以至于不该有如此美丽

萨福

把诗人的光荣
写进自己的名字
美丽浪漫的萨福
美丽多难的诗歌

简·奥斯汀

四十二年的人生
留下六部传世之作
永远在平常的生活之中
生活本身比作品更加真实

玛丽·雪莱

诗人的想象
让诗歌瑰丽无比
你丰富的幻想
让科幻小说无比新奇

乔治·桑

激情的火焰燃烧 燃烧
投入创作也投入爱情
自己也在火焰中
燃烧 上升

伊丽莎白·芭艳特

你让我们感受
什么叫爱情战胜死亡
爱情 更带来
你的诗篇千古流芳

西蒙娜·微依

哲学界的异数
女人中的奇类
一个基督纯洁的女儿
一个现实生活的殉难者

斯托夫人

一部《汤姆叔叔的小屋》
引发了一场战争
一本书的力量有多大
人性的力量有多大

阿加莎·克里斯蒂

把所有的故事打上结
再把结慢慢打开
阿加莎·克里斯蒂
你是真正的侦探小说之母

勃朗特姐妹

无法再现的文学之缘
无法再生的文学姐妹
三位一体 三生一世
因为多才 因此早夭

艾米莉·狄金森

另外一种孤独 另外一种完美
一生与婚姻无缘
谁又不能说
你把爱情献给了诗歌

吉皮乌斯

诗歌的女儿
漂泊的心灵
终身依恋诗歌
一颗颗带泪的珍珠

杜拉斯

爱情
不在乎年龄
从杜拉斯
开始——

伍尔夫

孤僻 傲慢 自闭
沉浸于文字天地
要求拥有一间自己的屋子
思考写作,文字如水思想似箭

阿赫玛托娃

月光一样的《安魂曲》
为千万心灵安魂
一切的生命苦难都将过去
你已在诗中永生

西蒙·波娃

有思想的女人
与众不同的女人
一部《第二性：女人》
成了女性的"圣经"

罗 琳

你创造了
哈利·波特
波及了
多少幻想的心灵

米斯特拉尔

爱情的圣者
你用《死的十四行》
诠释了
爱的刻骨铭心

悼林昭

当许多人
停止了思想
你燃起思想的火苗
照亮一个时代的黑暗

颂林昭

中华民族的自由女神
真理祭坛上的圣女
在没有思想的年代
你思想的高度 抵达珠穆朗玛

复翁堂*前

一个男人
站了起来
所有的男人
矮了下去

注：复翁堂，位于浙江定海小沙镇，始建于明朝洪武年间，迄今已有600多年历史，它是专门纪念为民请愿的乡民王国祚而建。明洪武十九年，明将汤和奏请迁昌国46岛居民入内地，朝廷准其所奏，舟山群岛被弄得鸡犬不宁，乡民王国祚进京面见明太祖朱元璋，据理力争，朱元璋采纳了他的建议，使547户共8085人得以留在了舟山本岛。舟山百姓为感念王国祚，尊称他为"复翁先生"，并为他建了复翁堂。

梅里雪山

山峰上
金光照映的地方
一定是
极乐的世界

短 歌

如果可以
我愿意把这里当作天堂
如果可以
我愿意把这里当成世界的尽头

在香格里拉

用我今生的虔诚
为来世许下一个愿望
我热切地相信着
有信仰的人 是幸福的

香格里拉颂

香格里拉 心中的日月
心中有了日月
人呵 才能变得真
变得善 变得美

月牙泉(一)

你睁着
月牙般美丽的眼睛
等待
等待千年的爱情

月牙泉(二)

许多人梦里有过的一幅画
许多画里有过的一只眼
许多眼里有过的一颗心
许多心里有过的一个梦

天山短歌

山,在水中
水,在山中
草,在大地上
美,在草原上

天山天池

一面心灵的明镜
放在这高高的天山之上
走到这面镜子面前
让内心重回宁静

葡萄沟

葡萄沟
葡萄营造的清凉世界
葡萄沟
游客的脚步踩落串串葡萄

阳朔(之一)

有山有水的阳朔
一个可以醒着做梦的地方
丢一颗梦想的种子
便会在心中开出花朵

阳朔(之三)

这是诗意的家园
这是世外桃源
无处不风景
有景皆入画

阿炳

你用琴声拉疼月光
拉二泉的水永远流淌
你也活在
你的月光中 你的泉水中

项羽

一介武夫
一个情种
一个杀人魔头
一个失败的王者

尧·舜

禅让
背后是一场闹剧
禅让
文人笔下的政治神话

秦始皇

千古一帝
毁誉参半
梦想长生
却与鲍鱼同臭

杨广

修运河 建东都
巡张掖 征高丽
兴科举 件件都是大手笔
祸在当代 功在千秋

朱元璋

既治吏也治民
治吏动不动杀头剥皮
治民倒有几分温情
治吏与治民孰难只有他自己知道

明武宗

把"恶搞"进行到底
谁叫我是皇帝
说说吧 皇帝中
谁像我这样敢于搏虎斗豹?

康熙

在位最长的皇帝
雄才大略的皇帝
都说他是圣主 有谁知
圣主不是一天炼成的

李煜

昏庸的帝王
杰出的诗人
亡国之后方知痛
国家不幸词人幸

张献忠

一个人
可以带给人世间多深的伤害
一个人
需要扼杀多少生命才会忏悔?

屈 原

政治家的头脑
诗人的脾气
后世的人们
只记住了他是一位爱国诗人

司马迁

用痛苦与坚强
用血和泪 铸造
史家之绝唱
无韵之离骚

王勃

这样的神童
需要多少年才出一个
他永远活在
一篇文章中

李白

一身仙气区别于
与古今万千诗人的不同
一身酒气从唐代
一直弥漫到今天

杜甫

苦难的
折磨
使你
成了"诗圣"

李商隐

爱情
那么伤
诗句
那么美

李贺

如果不是英年早逝
一代鬼才
会写出
更多的奇诗妙句

苏轼

你
多灾多难
只因为
你多才多艺

李清照

这样的
文学之花
只有在宋代
开出一朵

王安石

写得好文章
写文章
比官
做得漂亮

文天祥

内心的刚强与不屈
让对手恐怕也敬佩
生命
在《正气歌》里永恒

柳永

因词成名
因词惹祸
也因词
流芳千古

于谦

"要留清白在人间"
你以自己的行动
证明了你的诗句
绝对地发自内心

八大山人

把所有的鸟
画成青白眼
用青白眼
看这个世界

纳兰性德

面对荣华富贵
你却是满心忧伤
谁能看得清 看得清
你内心深处的忧伤

曹雪芹

仅一部《红楼梦》
就成了天下流传的绝品
我不明白现在的文人　为何
写那么多不能流传的废品

蒲松龄

失意的心苦痛的心孤独的心
只得与狐仙鬼怪对话
只得在另一个世界里
寻找梦想

李叔同

面对一切
是得到后的放弃
学会放弃
是另一种进入

苏曼殊

在迷失中寻找
在寻找中迷失
多重的矛盾 独立的行为
成就了一个人的传奇

杂感

关在牢里的人
犯了罪
没关进牢里的人
犯了更大的罪

杂感

如果一个集团
犯下天大的罪
能关他们的
有哪一所监狱?

杂感

有的中国的官员
爱把自己说成公仆
这是天下
最牛的"仆人"

杂感

过去官员倡导
为官一任造福一方
现在的官员
为官一任 资源用光

杂感

中国的教育
是荒唐极端的教育
是教育的失败
是失败的教育

杂感

因材施教
还是因财施教
多少人成了
应试教育的牺牲品

杂感

我们的教育
让孩子没有童年
让学习
变成一种恐惧

杂感

聪明的
中国人
为什么很少
获得诺贝尔奖

杂感

不读书
使人愚蠢无知
读了书不能做事
则是另一种无能愚蠢

杂感

一次不公正的审判
恶果超过十次犯罪
一次错判的死刑
恶果无边无际

杂感

一边天天喊
科学发展
一边是
急功近利的发展

杂感

总理为民工讨薪
不是光荣 而是耻辱
我们的机制哪里去了
我们的法律哪里去了

杂感

河流污染了
我们失去了纯洁
人心污染了
我们失去了免疫力

杂感

兴,百姓苦
亡,百姓苦
历朝历代
农民最苦

杂感

一直是这样
一百元钱
二十元八十个穷人们分着用
八十元 二十个富人权贵分着用

杂感

中国是一个
很容易集体疯狂
集体堕落
却很少有 集体清醒的国度

杂感

鲁迅之后　再也没有如此
对国民性批判
对人性剖析
对历史深刻洞察的思想者

面对

一个人面对外界时
需要的是窗子
面对自我时
需要的是镜子

囚

一个人关在铁门内
　我看守一个人
　囚者与被囚者
　都失去了自由

杂感

有文凭没知识
有知识没文化
有文化没素质
有素质没舞台

杂感

人在江湖，身不由己
人在婚姻，爱不由己
人在官场，话不由己
人在单位，事不由己

杂感

同样是干活
领导叫带头
富人叫创业
百姓叫打工

徐悲鸿

从画师到大师
你如一匹奔马
奔腾在
艺术的天地

齐白石

从木匠到巨匠
你走过多少探索的路
画坛的长寿者啊
你画的虾还活活的

月亮

残缺又圆满
圆满又残缺
走不进
永远的圆满

海

波峰连着浪谷
海面上
写满了
一排排五线谱

童 年

童年是远离青春之门
的一只小白兔
没有奔跑的速度
却一天天把太阳追赶

太阳·星星

爱情是月牙亮
友情是星星
说月亮光明的的同时
谁不说星星也是美丽的呢

莫言获奖

高粱
——红了
莫言
——醉了

疑问

人如无情
如何成佛
佛如无情
何如是佛

成功之前与之后

成功之前
做一个成功者多么向往
成功之后
做一个普通人多么幸福

活着与死后

一个作家活着的时候
他的地位决定名声
一个作家死去之后
他的作品决定他的名声

有感

最美丽的花
只在彼岸开放
最美好的爱情
只在心中珍藏

爱情与遗憾

爱情
可以弥补人生的遗憾
然而，制造遗憾的
偏偏是爱情

人生历程

相同的开端
相同的归宿
中间
不尽相同的过程

思想者

思想者
是痛苦的
即使痛苦
也不会停止思想

附 录

诗观及其他……

白 马

我的诗观：回归抒情，关注现实，表达生活，注重作品的历史文化内涵和人文精神。

我的创作态度：不唯主义，不唯流派，坚持自我，写出有独特个性的小诗、短诗、组诗、长诗。

我的另一种创作态度：无为而为。热爱写诗，有诗兴有感受写下来，能发表，则发表，不能发表，也罢，但同时努力把诗写好。

我的宣言：我是一名激情诗人，热血的歌者。我要写激情豪放的诗。我的诗要代表一种宣言、一种对生活的歌唱，一种乐观向上的力量，一种全人类的大爱，一种对世界、未来的终极关怀。

一个诗人要写三种诗：抒情的诗、理性的诗、神性的诗。或者说一个诗人的诗歌创作要经历激情写作、理情写作、精神写作（文化写作）三个阶段。我既写激情的诗，也写理性的诗、神性的诗。

我的诗歌底色：真情、激情、豪情。

我的诗歌风格：大气、豪放、雄健。

我的诗歌创作的三种情结：大海情结、英雄情结、长诗情结（小史诗情结）。

我的诗歌内涵的三种情怀：历史情怀、哲人情怀、宗教情怀。

有两句要说的话：当集体清醒，有一个人迷失，这个人可能是一种新的艺术的创造者。当集体迷狂，仅有一个人清醒时，这个人可能是一个总结者，我愿是这样一个清醒者。

一点说明：我既写纯粹的诗，也写朗诵诗、叙事诗，许多诗作有歌词化倾向，不同的形式，阅读时需要区别。

对自己诗歌创作的几点要求：把小诗写精，把短诗写美，把组诗写好，把长诗写成大诗。

我诗歌创作的四个面向：面向诗歌，面向读者，面向生活，面向时代。

向伟大的唐诗致敬：童年时读到的第一首诗是李绅的《锄禾》，如此明白晓畅、通俗易懂，又给人启发。这首唐诗对我影响太深，以致我最早学诗写的不是新诗，而是古体诗。古体诗词我写了五六百首，但很少拿出来发表。我纯粹是一个从传统走过来的爱诗者。至今仍迷恋伟大的唐诗。由此启发：我们新诗如果能写得有韵味一些，有音乐感些（或内在音乐感）不是更好吗?

对传统与先锋的态度：既很好地继承传统，又吸收借鉴现代诗、先锋诗中的长处，然后，综合自自身素质而写。"似我者死"，做人需要合群，写诗要有个性。跟人家后面瞎起哄，就会丧失自我，丧失自我的艺术是没有生命力的。

关于诗的语言：唐代百姓说的是白话，文人用的是文言文，而诗人写的诗却是介于白话与文言文之间，别一种美的有韵味的语言。这是一种特殊的语言——诗的语言。由此启发，口语、白话入诗，用不好会变成"口水"。新诗应找到自己的别一种语言，海子在短诗中似乎找到了。

关于歌词：许多诗歌选本，很少选歌词，其实有些歌词比一些诗人写的诗更美。如《青藏高原》、如《橄榄树》，你能说这不是一首优秀的诗吗？

一句知心语：我深知写好豪放之作不易，注重了气势、力度，往往在诗意和语言上会有硬伤。诗应以短为主，长诗是不得已而为。

关于诗人的几句话：一般的诗人是模仿，优秀的诗人是继承与借鉴，杰出的诗人是创造，伟大的诗人是独特的创造。

关于诗的"四度"学说：诗之价值，在于力度、美度、容度、韵度。此四度皆备，必为上品，以其一见长，亦为优秀之作。

关于诗歌鉴赏的"八个角度"：时间角度、空间角度、作者角度、作品角度、读者角度、年龄角度、性别角度、社会文化角度、阐释者角度。

一次内心的独白：长诗在我诗歌创作中上着重要的地位。许多人看到我长诗中大气、激情、豪放、开阔的一面，没有看到我在长诗中追求一种"小史诗"的写法。一个真正的诗人，都应该有自己的独特的追求，有自己的诗歌理想。我在长诗创作中追求一种独特的小史诗写法。如《成吉思汗——中国的骄傲》，以成吉思汗为凸现点，同时写了五千年的中国历史。《秋瑾》中以秋瑾为凸现点，写了几千年女性的历史。《热爱海洋》则是一曲亿万年海洋的"生命进行曲"。《阿炳》则是苦难天才的心灵史诗。汉民族缺少史诗，身在现代，海子等用万行长诗写史诗，有些不可思议，而政治诗人的抒情长诗又往往艺术上缺欠太多。这是值得思考的。

关于数量与质量：乾隆皇帝写了几万首诗，我们记不住一首，李白、杜甫我最能记住的也只是三至五首，百年新诗中，徐志摩我们最记得住的是《再别康桥》、北岛是《回答》、顾城是《一代人》。也许，一位诗人热情、艰苦、漫长的创作都为了一首优秀之作的诞生。优秀之作，我也许已经写出，也许还未写出。

关于豪放与婉约。诗以婉约为主。但写好豪放之作更不易，当一个豪放诗人更难。纵观千年诗国，从屈原、李白、苏轼、辛弃疾到秋瑾、毛泽东。屈原豪放而悲壮，李白豪放而浪漫、苏轼豪放而旷达、辛弃疾豪放而悲叹，秋瑾的豪放"巾帼不让须眉"，只有毛泽东是真正的豪放雄壮。在一个诗人的创作中，豪放往往只代表他的一种风格。辛弃疾有些作品确很豪放，但也有许多词作是忧伤的、悲叹的、柔情的。我是偏于豪放，不废婉约。豪放之作，也只占我诗歌中的一部分，并非全部。20世纪以来，豪放诗人有郭沫若、田间、郭小川、贺敬之、纪宇、桂兴华等。我的豪放诗作力求注重文化内涵，人文精神，历史情怀，说自信一点，应该有自己的特色和价值。

一份真情的感谢：

感谢岁月，给我苦与乐、爱与恨、得与失、名与利、成与败、生与死的种种感受，丰富了我的诗情。感谢岁月，使我面对过去、现在、未来歌唱。

感谢生活、岁月的磨炼，咀嚼不尽的甜酸苦辣，无尽的痛苦与欢乐，升华了我对全人类的大爱，开启了我对自然、世界的广阔胸襟。

感谢历史，使我长诗中沉淀了深厚的历史文化内涵。

感谢书本及前人智慧，使我深入思索事物的本质。

感谢痛苦，你冶炼了我雄性的诗魂。热爱与痛苦才产生不朽的艺术，谁能悟透此中真谛？！

感谢酒神，你稀释了我的烦恼。没有那种迷醉中酒神与诗神的交互，就没有我奔发的诗情，就没有我一气呵成的长诗。

感谢太阳与月亮，太阳给予我激情，月亮给予我理性。"功夫在诗外"，诗人呵，你应感情天地日月的精神与光辉！

感谢故乡的山水和十年的水兵生活，给了我诗的品质、山的坚定、土的朴实、水的柔情、火的激情、海的开阔。

感谢父母，给了我一颗诗的心灵。

感谢朋友，你们把无限的热爱献给了我，给了我情感的源泉，也给予了不竭的诗情！

感谢诗歌，你给了我苦难、孤独，也给了我创造的欢乐，给了我智慧与思想的光芒！

诗创作札记

白 马

1.我是一名激情诗人,我要写激情、豪放的诗。

我的诗要代表一种宣言,一种对生活的歌唱,一种乐观向上的力量,一种全人类的大爱,一种对世界,未来的终极关怀。

2.诗的希望在贵族写作(知识写作),还是在民间写作?扭转诗坛风气靠一些诗人自身努力?还是靠编辑们?还是靠评论者?

3.诗不仅要注重横植,也要注重纵移。

4.诗人应分四个层次:一般诗人,优秀诗人,杰出诗人,伟大的诗人。

5.有三种艺术:一时的艺术,成功的艺术,不朽的艺术。

6.作家和诗人只能以作品说话。

7.回归现实、回归生活、回归抒情。

8.如果说科学是"真",宗教是"善",那么艺术则是"美"。衡量一切艺术的标准便是"美"。

9.海子——当代最伟大的婉约派诗人。海子,这个时代的天才诗人、大师,他使我们认识到诗还有这种写法。

10. 西川——当代杰出的诗人,他为诗美尽了探索与努力。

11. 打倒一切主义,反对伪诗歌,伪诗人,反对诗歌投机者。

12. 一个诗人应说三种话:别人说不出的,别人不敢说的,别人天天说的。

13. 诗的永恒主题应是:对爱情的歌唱,对生活的感悟,对文明的观望。

14. 气势是诗的一种大的魂魄。

15. 一个诗人应为四种人写诗:诗人自己、读者、别的诗人、诗评家。

16. 诗言志。诗可以兴,可以观,可以群,可以怨。文要养气,诗要洗心。真正的诗,不仅是诗人的自娱,应是自救——救世与救心。诗人要钟爱自己,也钟爱人类,既拥抱自己,也拥抱时代。

17. 鲁迅言:"诗原为民间物,文人占为已有,然后扼死……"扼死前与扼死后,该怎么办?

18. 诗歌,本可歌可唱,什么时候有些诗连朗诵也不能,诗应从歌曲中吸取点什么?

19. 功夫在诗外,一个诗人要注重诗的内功修养,更要注重外功修养,只有内功与外功 合一,才能产生好诗。

20. 诗要给人一种力,一种震荡,一种启示。

21. 跟着"流派"走,伴着"主义"吼。那只能是千篇一律的东西,害的是诗歌自身的生命。

22. 农民讲究深耕浅种,政治家搞宣传注重深入浅出,诗人应悟到什么?

23. 一个真正的诗人都必须历经心灵的磨难,生活的苦难,然后把苦难化作诗行。一个诗人要热爱生活。

没有痛苦,成不了诗人,没有风暴,算什么海洋?

24. 诗家不幸诗歌幸,没有山河的破碎,彻心的离乱,就没有杜甫的史诗。没能失恋的痛苦,就没有海涅感人的爱情诗篇。

25. 艺术的超越是痛苦的,但诗人要不断超越自己,超越别人。

26. 常新的激情是一个诗人创作生命力的表现。

27. 一个诗人应写三种诗:抒情的诗、理性的诗、神性的诗。

28. 一个诗人创作应经历三个阶段:柔情或激情写作、理性写作、精神写作。

29. 天赋、勤奋、悟性和阅历等是一个诗人必须具备的四个要素。没有天赋,成不了一个诗人,至多是一个诗坛阿混。真正的诗人都具有某种禀赋。没有勤奋,就会写不出诗。没有悟性，就没有独特的东西。写不出"他人心中有，他人笔下无"的东西。有了这三者，没有丰厚的学识，丰富的经历、阅历及特定的磨炼及苦难感受等综合素质，就写不出丰富深刻的诗。

30.诗人应是大苦大乐大喜大悲大爱大恨的人。

31.诗与音乐，几人能悟。悟透者方为人中灵秀，诗中高手。

32.有的诗以气势见长，有的诗以哲理见长，有的诗以意境见美，有的诗以语言奇巧见长，各种风格各种题材，无论传统或现代，只要写得好的便是好诗。

33.真正的诗人应具有大的悟性，大的见识，受过大的苦难（时代的苦难、生活的苦难、心灵的苦难、情感的苦难）。

34.后现代的诗可以写得让人读得懂，可以写好伊沙便是个例子。

35.有些诗只有我才能写出，有些诗只有别人才能写出，有些诗只有女人才能写出，有些诗只能在二十岁写出，有些诗只能在六十岁写出，这便是诗歌创作中独特的不可替代性。

36.诗应是心灵的歌，感情的火，思想的光。

37.真正的诗应以感觉为芽，以生活为根，以感情为脉，以技巧为枝,以意象为叶的精神之树、艺术之树。

38.海尔集团总裁张瑞敏说,只有疲软的产品,而没有疲软的市场。我们可不可以说,只有"疲软"的作品,而没有"疲软"的读者。

39.诗是心声。诗应是诗人的心声,生活的心声,时代的心声。

40.让诗歌点缀我们有限的人生。让诗歌成为青春之外的美丽。

一个干净的诗人竖起中国新诗绝句的标杆
——读白马的新诗绝句

正 成

收到白马老师的《新诗绝句200首》(自印),一读为快。因为都是四行诗,诗句虽短,但是寓意很深,领悟很深,诗人特有的嗅觉和洞彻,让我们在最短的时间和语言中,有所感觉和启示。这正是短诗的生命所在。读来干净利落。忽然,诗人的形象在脑海中出现,——一个干净的诗人。"诗人睡了,诗句醒着,孩子睡了,梦幻醒着",童年的心,纯洁亮丽,不只是诗歌干净,语言干净,而且诗人的心灵和思想,诗歌所表现的情操都很干净。

白马新诗绝句,全部是四句一首,借鉴古体绝句文体。绝句,就是一首诗最短的句子,不能少于四句,少于四句就不是诗歌。每首四句,言词有长有短,有的一行就一两个字,但是可以达到起、承、转、合的语境,符合汉语言的语境和思维,保证诗歌的完整性,并保持诗歌节律,便于吟咏。我不赞成北岛的一字诗《生活》"网",如果不是有人说他是诗,如果不是"生活"这个标题,"网"是什么？其实标题成为诗的主要部分，标题是诗歌内容的概括和名称，诗本身要具有完整性，无句不成行，无行不成诗。

白马老师的新诗绝句，为新短诗确立了一种较为固定的模式，值得借鉴和学习。

作为诗歌，无论长短，保证语言的完整性，语言的优美和精准，创造意境和想象的空间，是最起码的要求。诗歌要有"诗眼"，诗歌的眼睛，诗歌中最明亮的句子和字眼。方寸之间，气象万千，寥寥数语，韵味悠长。如"正真的痛苦，是哭不出来的"；《八大山人》"把所有的鸟，画成青白眼，用青白眼，看这个世界"；《蒲松龄》"只得在另一个世界寻找梦想"。新短诗，最好表达一事一物，一境一情。"思想者，是痛苦的，即使痛苦，也不会停止思想"；"湖水在平静之时，把一切都颠倒了，湖水在波动之时，把一切都扭曲了"；《秋瑾纪念碑》"在勇士绞杀的地方，竖，起，一座惊叹号"。

日本的"新俳句"，值得我们学习和借鉴。新短诗要避免排比句的罗列，就是要有升华的诗意，跳跃的思维，要有语言的张力和时空的跨越。有一种"欲寄音书借羽翰"的寓意。"在地上仰望天空，白云上面是天堂，在天上俯瞰大地，白云下面是故乡"。

格言警句式的诗句，成为新诗绝句的主要风格，寓意，讽喻，哲理，顿悟，语言精干，干净，便于记忆，看一遍就可以记得住，记得住就可以从中得到启示和营养，受益良多。如"主宰这个世界的是金钱，笼罩这个世界的是虚伪，罪恶这个世界的是自私，毁灭这个世界的是科学"。

有的如暗夜传星，豁然明亮，"痛苦是一把鞭子，一次次抽打心灵，我却举起乐观的鞭子，把痛苦打得粉碎"；"点一根蜡烛，不诅咒黑暗，点一盏心灯，不诅咒磨难"。

有的如白虹贯日，直抒胸臆，"现在的官员，为官一任，资源用光"；"我们的教育，让孩子没有童年，让学习，变成一种恐惧"。

有的如雨后彩虹，静谧中的美丽，《阿炳》"你用琴声拉疼月光，拉二泉的水永远流淌，你也活在，你的月光中，你的泉水中"。

有的如春风化雨，润物无声，"人若无情，如何成佛，佛若无情，何如是佛"；"不为几朵阴云放弃蓝天，不为一次沉船放弃海洋，不为一次病痛放弃生命，不为一次伤害放弃爱情"。

有的如月下秋泉，如泣如诉，"在无数人的践踏下，路上的雪变得污浊不堪，雪啊，我为你哭泣，为你失去的纯洁"；"每次回忆都是一道伤口，三哥，你就这样匆匆走远，就这样远远地望着我，我不能握你的手"。

短诗句,表现大主题,抒发大情怀。

爱情是人类永恒的主题,真正的爱情,始于青春,终于生命。白马老师已经是过来人,但他的诗歌不乏爱情的歌唱,更能领略到爱情真谛。

"在看到你的地方,用眼睛凝望,在看不到你的时候,用心灵凝望";"爱情,可以弥补人生的遗憾,然而,制造遗憾的,偏偏是爱情";"最美丽的花,只在彼岸开放,最美好的爱情,只在心中珍藏";"灵魂的闪电,照亮了夜空,爱情的闪电,照亮了一生";"会老的岁月,痴等不老的爱情,等你——月光的凄凉是心的倾诉"。

诗人的爱情观,一个伟大的话题,人类与生俱来的生命本真,尽在数言中。

人生一世,苦乐参半,人生是大课题。诗人大半辈子了,人生的经历和感触,成为诗意的火花,光彩闪亮。

"真正的欢乐,是笑不出来的,真正的痛苦,是哭不出来的"。"在痛苦中得到的欢乐,欢乐是那样真,在欢乐中忍受着痛苦,痛苦是那样深"。"人生不能没有梦,人生不可尽做梦,人生不能没有爱,人生不会全是爱"。"不幸是一所无人报考的大学,但从这里毕业的,都是——强者"。"恋爱教会了你忧愁,失恋教会了你痛苦,结婚教会了你忍耐,离婚教会了你自由"。"你爱,你成了爱的奴隶,你恨，你成了恨的奴隶，最后你不爱也不恨了，你成为这一切记忆的奴隶"。

人生的领悟，一目了然。

爱国情怀，正义良知等短诗绝句中得到抒发，主要体现在赞美祖国大好河山，敬仰和赞颂先贤圣哲，中外名人的诗作中，在此不再赘述。

《新诗绝句200首》也是中国诗界新短诗的一次以个人诗作为代表的阶段性总结。新诗不乏好的短诗，如卞之琳的《断章》、徐志摩的《沙扬娜拉》、顾城的《一代人》等。但是就每个人而言，新短诗能够出版集子的好像没有，以及就所有诗人的新短诗汇集也好像没有。白马老师做到了，他写了很多短诗，成为"新诗绝句"，我好像也是第一次见到这样的文体称谓。他的诗集，为中国新短诗竖起了一个不高不低的时代性标杆。应引起诗界关注，对于新诗的发展，具有一定的启发和引导！

白马，真是一匹马。与白马老师接触六年多时光，见面不多，但是，他的形象和面容清晰在眼前。记得他的面容，他的神情，就是马的容姿。在平时，和颜悦色，平静自然，甚至有时不是睁大眼睛看世界，而是从容，略带一些漠然，隐隐忧伤的眼神，就像一匹安静的马。但是，当谈论起诗歌，谈论起争议的事情，以及社会的伤痛时，他的眼神明亮而深邃，激动之处，声音抬高，语速加快，不太标准的浙南普通话，神情裴然，很是动人。

憎爱分明是诗人特有的情怀，用诗歌体现真善美，白马老师更为明显。他豪放直率的诗风，在短诗中体现的更为具体和直接。出生长大在南方，却有着北方人的性情和脾气。他说，缘由海洋，海洋是他的故乡，海洋和草原有着共同的地方，广袤无垠，白云蓝天，草原上奔腾的是马，海洋上奔驰的是船舰，都能培养人的胸怀和情操。

白马具有当代文人气质，不凡古人情怀，爱祖国，爱人民，爱家乡，爱生命，爱生活，爱苍生，满满的忧思，坦坦的正义，伴随着无奈和惆怅，源于诗，源于情，源于义。

读白马老兄的诗，如促膝相谈，就有真想见面的愿望，可也是南北相隔几千里，见一次面不太容易。等待机会吧，等待与兄喝酒畅谈，徒步而行。

对月当歌翩翩舞，与君一醉万古愁！

2015年1月30日

不懈的奔驰，可贵的探索
——读白马的新诗绝句

许成国

白马的长诗是他诗歌创作形式的一种创新，我以为。这种创新概是基于他对当前"舟山群岛诗群"诗歌形式进行思考后的一种探索。这一探索和坚持使得他的诗歌创作获得不少的收获，并在业界引起广泛的注目和掌声。《白马长诗选》即是其中最集中的体现。

但那一天，我收到的除了这本《白马长诗选》，还有一本《新诗绝句200首》（自印），这是我所没想到的。这让我对他又多了一份敬意，也多了一个认识和解读他诗歌创作的视角。翻阅和通读这一文本，我以为，白马为诗歌的写作又奉献了一种新的样式："新诗绝句"。在我有限的诗歌识见里，当代诗歌写作的队伍中也不乏古诗词格律写作的身影，但这样把新诗与绝句如此紧密地结合起来，并有意识地整体呈现，还是第一次。

这至少有两个亮点：一个是作者创作的自觉性。白马是有意识的坚持，他"努力把小诗写精，把短诗写美，把组诗写好，把长诗写成大诗"，这样的创作自觉在群岛诗群中是极为难得的。他说:"我们所要做的就是既对接传统,又对接现代,在此之上的创新,走出另一条路。"200首绝句非一时之所作,该是日积月累的成果。他在几十年中积累了500多首。他做了有心人,更做了开拓性的事儿。二是对新诗创作形式的探索性。写短诗不乏其人,但写得好,写成精品不易;以绝句形式写,更是少之又少。考察中国新诗与传统诗歌之关系,"横的移植"如果还能说是一种发展,那么纵的继承断裂早已是历史和事实。白马认为,新诗"格式是自由了,但太自由了,却又是一个致命伤"。他以海子"万人都要从我的刀口走过,去建筑祖国的语言"来激励自己,表达自己对于新诗形式探索的心声。这样的探索对于海洋诗歌形式来说,无疑是一种补充,一种拓展。

纵观《新诗绝句选》,我觉得字里行间体现了白马对诗歌创作所坚持的那种才、学、识之要求,能触摸到他对诗歌创作那种精美、奇巧的意境追求,内容相当丰富。在这里,我时常被一种思考所沉醉:诗人睡了 / 诗句醒着 / 孩子睡了 / 梦幻醒着(《醒》)。短短的16个字,让人产生许多想象的空间,那种朦胧感、诗意美如梦幻一样,在心中油然泛起。"哪里有压迫 / 哪里就有反抗 / 但是,哪里有压迫 / 哪里就有屈服"(《有感》),这样的悖论既呈现在二十四史里,也呈现在这块现实的土地上,多少欲说还休的沉思、伤痛全在诗中蕴藉,读后让人荡气回肠。

在这里,我时常被一种情感所折服:站在山口/已望见了纳木错湖/如果可以,我愿意/在这里站成永恒的守望(《那拉根山口》)。那是对于爱情的坚守,也可以是对于信仰的坚守,可以是对于一个家的责任,也可以是对于国家、对于民族的热爱。"如果可以/我愿意把这里当作天堂/如果可以/我愿意把这里当成世界的尽头"(《短歌》),诗歌把空间拉得很深,把时间拉得很长;幽远的沉思与深邃的哲理融和在一起,让景观、意境与想象在无垠的时空里绵延、往复,让人咀嚼、回味,有爱在那里,有痛在那里,一如"你用琴声拉疼/月光/拉二泉的水/永远流淌"(《阿炳》),真的很美,很美。

在这里,我时常被一种才情所震撼:"爱情/那么伤/诗句/那么美"(《李商隐》),就简简单单的10个字,简直可以囊括李商隐所有诗歌的分量与美丽,撑起这一份量的,既是李商隐自身的诗歌天才,又是作者对于李商隐独特的理解、体认和感悟,深得"一叶知秋""窥一斑而知全豹"的意蕴。这正如白马所坚信的:"四行诗的创作是对诗歌形式美的回归,是让诗歌更好走向读者的一种回归。"

好诗有许多种,但有一点是始终脱离不了的,那就是蕴涵在诗歌中那一份感情的火、那一道思想的光、那一曲心灵的歌。白马的新诗绝句,即是!形式是,内容也是!

2015年4月11日

读白马的新诗绝句

马巧红

春节前的一个日子,我打开邮包拆出白马老师最近出版的两本诗集,其中一本32开本的簿册子《新诗绝句200首》(自印),另一本是长形16开本的《白马长诗选》。

我一看封面就喜欢,《新诗绝句200首》以本色为底,中间如贴着一幅写着书名的朱红楹联,看上去精致典雅;《白马长诗选》封面设计以淡青色为底,右下角贴一张太空图片,简洁大方。

我随手翻开短诗,四行一首,简简单单。心中默读四行诗的第一首:"诗人睡了 / 诗句醒着 / 孩子睡了 / 梦幻醒着",诗句一下把我眼睛点亮;便迫不及待地读下去:"我们 / 说着爱情 / 却往往找不到 / 爱情在哪里""最难征服的 / 是人心 / 最容易征服的 / 也是人心""祈祷人类和平 / 历史又告诉人类 / 战争 / 是推动人类前进的动力"……诗句又点亮了内心;"过去官员倡导 / 为官一任造福一方 / 现在的官员 / 为官一任　资源用光""一个人想做皇帝 / 宣称造反最有理 / 一朝做了皇帝 / 却道造反是罪恶"。我越看越兴奋，不知不觉中竟朗诵出声，越读越来劲，一口气直读到最后一首。

等我缓过神来时，发现母亲与保姆都已坐在我身边的沙发上，她们怔怔地看着我，好像还没听够，等我再诵下去。得知我已读完，曾是语文老师的母亲扔掉拐杖，连声叫好，使劲地鼓起掌来；不识字的保姆阿姨也一脸兴奋，还说"谁写得这么有道理"。太叫人兴奋了。

我原以为诗歌要雅到天上去，这叫曲高和寡。

读白马短诗让我顿悟，什么才是好诗。平日里白马常说，好诗就是能让人心灵接通，就是语言要简洁，要有诗眼、好句，要朗朗上口，这样才能被记住，被传诵，就像古诗里的"白日依山尽，黄河入海流。欲穷千里目，更上一层楼。""锄禾日当午，汗滴禾下土。谁知盘中餐，粒粒皆辛苦。"这也是白马对自己创作的要求，才让白马的诗歌有着如此的魅力，它可以打动各种层次读者的心。

诗要写到读者心上，才能打动人。读白马的诗歌，我有了很多感悟启发，不仅读到了诗情诗意，读到了一种精神，读到了一种诗的境界，也读到了诗歌创作之道，这对我之后的创作受益匪浅。

2015年3月10日

用诗歌抒写人生的感悟
——读白马的新诗绝句

杨 杨

有位伟人说过：我不懂鸟语，但我照样可以表达对鸟儿歌声的赞美。我想说，我没有多少诗歌理论知识，但我依旧想表达我对诗歌的喜爱。

花了一个晚上的时间，我细细拜读了白马老师的《新诗绝句200首》（自印）与《白马长诗选》。两部作品让我如沐春风，感慨不已。

我喜欢白马老师的新诗绝句，只因其微言大义。文中所选的200首诗歌都是四行诗。其语言承袭古体诗中民间诗歌通俗易懂的特点，融入现代民谣、顺口溜、打油诗等现实的元素，音韵和谐，意象优美，手法新颖，想象新奇，让人耳目一新之感。当然吸引我眼球的还不在于这一些，更重要的是诗歌表达的思想与内容。白马老师说："真正的诗是感情的火、思想的光、心灵的歌"。而正是这些朗朗上口哲理味浓厚的诗歌让我受到了很多的人生启迪。"远方就是前方，痛苦就是欢乐，遗憾就是美好，不完美就是完美"使我明白痛苦也是欢乐的一部分,遗憾也是美好的一部分,进而让我珍惜每一次的生命体验;"你爱,你成了爱的奴隶/你恨,你成了恨的奴隶/最后,你不爱不恨了/你成为这一切记忆的奴隶"使我明白爱恨情仇是人生不自由的缘由,谁也无法摆脱;"用满天星星般的花儿/装饰春天的美丽/因为庄稼的需要/不惜将美丽埋进泥土"让我遗憾生活的无奈,再美好的东西禁受不住现实的摧残。除了表达生活感受的四行诗外,白马老师还抒写的对各种名人的看法,古今中外,涉及面极广。没有足够的文学修养,没有丰富的知识积累,没有厚重的生活的积淀,是写不出这样打动人心的诗歌的。

2016 年 2 月 11 日

红花草
——读白马新诗绝句

的 卢

现代诗也许是最不拘一格的文体,几乎到了想怎么写就怎么写的地步,可是为了方便起见,我们还是习惯性地将它划分为什么抒情诗、叙述诗、爱情诗……之类。因此,关于白马的这组新诗绝句,我们也不妨命名一下,称之为"诗意化的箴言"吧。

组诗里有一首《红花草》,我喜欢此三字的字面色泽,故挪来充题,如若有缘,我还会在以后做它一篇随笔出来的,实则拿它作书名也好看。——《红花草》本名无甚意义,唯符号耳。而在此处不用别的名称总有些缘故,故,说是意义亦即可耳。

白马的这类新诗绝句是多年陆续涂抹积攒下来的,也可算作无心插柳了——一切工作有了兴趣方出成绩。在我们读多了白马的现代汉诗后,今换种口味去读读他的这些新诗绝句,就如同让我们的精神世界和世俗世界达成了相互的理解,它变得平衡。

新诗绝句不是那种一味要把诗写好、写完美的一种方式,而是运用了"谣""歌""格言""箴语"的手法、去剥开生活的面具,以直面黑暗灵域的勇气、讥讽、拷问、质疑、呐喊、犀利、同时也不乏沉着和机敏。

"一个人想做皇帝/宣称造反最有理/一朝做了皇帝/却道造反是罪恶"

——道理是秃子头上的虱子,却没有人捉得住。

从某种意义上说,能将凌乱的素材转化为文字无疑是种幸福,然而幸福从不会让"我"说出轻松之辞。

2007年12月12日
记于梅墟

诗友朋友来信短评

雁飞致白马

白马兄：

　　收到了你的两本诗集。兄弟，非常感谢，在拜读中，首先在看你的诗歌随笔和诗论，很有见地，令人佩服。新诗绝句概念的提出，很有创造性。有关绝句的写作实践，很有意义，这可能是革命性的，值得所有诗人和诗评家关注和研究。

2015 年 2 月 2 日

把白马的《新诗绝句200首》读给老妈听

琴 韵

一本短诗
两个听众
三声叫好
四行绝妙

注:收到白马的《新诗绝句200首》(自印),感觉很好,一口气读了一本短诗集,且读给老妈听,有趣、哲理的诗句读得她都笑倒,老妈直说白马写得很好很有道理,但说有的诗白马胆子真大,要是过去会划成右派吧。

吴强致白马

白马兄，这本新出的《新诗绝句200首》（自印）已完全显示出传统的诗歌力量有多巨大，没有广博的阅读量，没有深邃的思想度，没有敏锐的洞察力，是写不出这些富含哲理，启迪人心的诗句的。这些诗句完全可以作为名言来运用。写文章的时候，可以这样写，白马先生曾说过："……"

这本书是我喜欢的风格，这些短小精悍的四行诗完全显示出你的诗歌能量有多大！你砍去了枝枝叶叶，留下强大的主干和更多的空间。

感谢白马兄，书刚从办公室拿来拆封，已经读了十几页，不说了，先读为快！

2015年1月30日

明杰致白马

白马兄：

《白马长诗选》(中国文联出版社)和《新诗绝句200首》(自印)已于昨天上午收到，兄之笔健令人感叹。爱不释手之余，托推掉两个酒场与会议，彻夜翻读，对兄佩服之五体投地矣。《绝句二百首》几乎首首精炼，可见兄对人生感悟之透彻，提取之深刻。《长诗选》当是兄的心血之结晶，气势奔放，且有精神之高度，从中可窥视到兄对诗路探索的一往情深。

明杰敬上。顺祝冬安！

2015年1年30日

王玉明诗家致白马

白马君：

　　大作二本收悉，已阅大部分。再次为你的情怀和诗才而感动。值此新春佳节之际，祝安康快乐，并作七律一首，与你共勉。

> 人生有志志难遂，多少情怀报主徽。
> 不是诗书凝共帖，哪能肝胆映同碑。
> 浮云转瞬天边逝，俊骥应向草上飞。
> 事业连心留感动，童真万里亦相聚。

王玉明
2015年2月19日

王广栋致白马

祝贺好战友、诗人白马先生的又一本力作《新诗绝句200首》(自印)出版!

所谓新诗绝句,是相对古代诗歌绝句而言。你的新诗绝句既对接传统,又对接现代,短小精悍,通俗易懂,是一本好诗集。正所谓诗不在长短,小诗、短诗,执着地写下去就会成为大诗。

战友我为你点个"赞",愿像你所说的那样,"人间有爱,心中有情,才有写不完的诗篇"。

战友:王广栋
2015年1月28日

后记

这本《白马新诗绝句选》,与以往的诗集不同。这本《白马新诗绝句选》选的全是四行诗。

所谓新诗绝句,是相对古代诗歌的绝句而言。

自12岁开始爱诗、学诗,及至近十多年来编诗、评诗,我热爱诗歌,敬畏诗歌,我更感恩诗歌。爱诗、读诗、写诗,让我不断拥有诗意的心灵。

诗意地栖居大地之上,是人类的理想。我拥有了丰富的人生,拥有一份诗意的心灵,我已知足。

《白马新诗绝句选》,是1986年至2016年30年间创作的四行诗的一个结集,我从500多首四行诗中选出200首。

面对古代诗歌精美绝伦易诵易记的绝句,我努力尝试新诗绝句写作,我想以此证明,新诗也可以写短,短到四行、三行、两行。诗不在长短,也并非长诗才是大诗,短诗、小诗,有可能也是大诗。

我写得如何?只有交给读者评判。如果我的《白马新诗绝句选》中,有两首是你欣赏的,有两句你能记住的,我已十分欣慰。

多年来，我一直坚持新诗绝句写作，并以打印稿形式在部分读者中传阅，得到明杰、林福军、叶剑光、马巧红、吴强等读者的肯定。并于2015年自印过《新诗绝句200首》，在诗友中交流。想不到这本薄薄的自印诗集，反响较好，很多诗友、朋友、读者很喜欢，纷纷向我索书，诗集不到两个月便差不多赠完了，又自印了一次。

这次出版《白马新诗绝句选》实是一个意外，在此感谢文汇出版社桂国强社长的厚爱，将拙集列入出版计划，感谢陈先法先生和责编张涛先生。感谢周晓红文友为我进行了认真校阅，改正了不少地方。感谢徐正成、杨以儿、马巧红及雁飞等诗友为我写的评论和肯定。

诗友雁飞认为："新诗绝句概念的提出，很有创造性。有关绝句的写作实践，很有意义，这可能是革命性的，值得所有诗人和诗评家关注和研究。"诗坛上，蒋一谈提出截句概念，并在2016年主编《截句诗丛》。我个人认为还是叫新诗绝句好。截句有的只有一行两行，有的三行、四行。我想在诗坛上，本人是较早探索新诗绝句创作的人之一。事实证明，新诗绝句读者还是喜爱的。

"师古不泥古，有法而无法"，我会继续创作新诗绝句，不断探索新诗绝句的创作经验。

最后，还是请读者多批评指正。

感谢无数关爱、帮助、支持、鼓励我的领导、师长、亲人、朋友。

人间有爱，心中有情，才有写不完的诗篇。

是为后记。

白马

2017年2月26日